Bicicletas y tablas

Lisa Greathouse

Bicicletas y tablas

Asesor en ciencias

Scot Oschman, Ph.D.

Créditos

Dona Herweck Rice, *Gerente de redacción*; Lee Aucoin, *Directora creativa*; Timothy J. Bradley, *Responsable de ilustraciones*; Conni Medina, M.A.Ed., *Directora editorial*; James Anderson, Katie Das, Torrey Maloof, *Editores asociados*; Rachelle Cracchiolo, M.S.Ed., *Editora comercial*

Teacher Created Materials
5301 Oceanus Drive
Huntington Beach, CA 92649-1030
http://www.tcmpub.com

ISBN 978-1-4333-2146-7

Printed in China
Nordica.052019.CA21900471

Tabla de contenido

La ciencia de las tablas y las bicicletas

Cuando te montas en tu bicicleta o pones en marcha la patineta, tal vez no pienses en cómo funcionan. Simplemente arrancas, ¡y adelante! Pero hay mucha ciencia en el mundo de las bicicletas y las patinetas. Cuando ves a un practicante de snowboard bajar una pendiente a toda velocidad, o cuando un surfista hace una maniobra espectacular, ¡eso también es ciencia en acción!

Muchos atletas andan en bicicleta o se montan a tablas en busca de algo más que diversión. Algunos realizan proezas impresionantes y alcanzan velocidades récord. Esto recibe el nombre de “deportes extremos”. Estos atletas buscan las olas más grandes o la cuesta más inclinada. Para ellos, lo importante es tomar riesgos. Pero esto también se relaciona con forzar los límites de la **física**. La física es el estudio de la **fuerza** y el **movimiento**.

Estos deportistas vuelan por los aires.

Algunos ciclistas extremos realizan trucos magníficos que desafían la gravedad. Afortunadamente, este joven se acordó de ponerse el "cuida sesos".

¿Qué significa ESO?

Parece ser que cada deporte tiene un idioma propio. Algunas palabras tienen significados que son fáciles descubrir. ¡Otras no parecen tener el menor sentido!

Deporte	Jerga y su significado
Ciclismo	cuida sesos = casco porrazo = caída
Patineta	deck = plancha de madera de la patineta achicarse = abandonar la patineta para evitar un golpe
Surf	hacer un hang ten = surfear con los diez dedos de los pies por fuera de la punta de la tabla olita de nada = ola pequeña
Snowboarding/ Patineta	half pipe = rampa en forma de U volar por los aires = dar un gran salto

¡A pedalear!

¿Recuerdas cuando aprendiste a andar en bicicleta? Es posible que hayas tenido que hacer varios intentos hasta que le tomaste la mano. Cuando estás aprendiendo, lo más difícil es lograr que la bicicleta no se caiga de costado. Eso se debe a que la bicicleta sólo se mantiene parada cuando está en movimiento (a menos que esté apoyada contra algo). El movimiento implica cómo, dónde y por qué algo se mueve.

El movimiento es una parte muy importante de los deportes. ¡Sin movimiento, alguien que anda en patineta jamás podría lograr un salto, un practicante de snowboard no podría bajar una pendiente, y un **ciclista** nunca llegaría a ninguna parte!

Las bicicletas por la historia

1817

La máquina de andar

Para hacer avanzar esta máquina de madera, había que caminar.

1865

La quebrantahuesos

Se le agregaron pedales a la rueda delantera de esta máquina de madera.

1870

Bicicleta de rueda alta

La rueda delantera se hizo más grande de manera que el conductor pudiera avanzar más con cada vuelta de la rueda.

1886

La bicicleta Rover

Esta bicicleta tenía todas las característi básicas de las bicicle actuales. ¡Todos que tener una!

Pero nada se mueve por sí mismo. Para que haya movimiento, debe haber una fuerza. Una fuerza es un empujón o una atracción que causa movimiento. Cuando conduces una bicicleta, la fuerza de tus músculos hace que los pedales se muevan. Esa fuerza actúa como el motor de tu bicicleta.

Las ruedas de apoyo pueden ayudarte a mantener la bicicleta en equilibrio hasta que aprendas a mantenerla en movimiento.

1930

a bicicleta playera

as llantas anchas e esta bicicleta la onvirtieron en un odelo muy popular a andar por la playa.

1970s

La bicicleta de ruta

El manubrio bajo y las llantas delgadas fueron muy populares en las décadas de los setenta y los ochenta.

1980s

La bicicleta de montaña

Esta bicicleta más pesada y con llantas más anchas adquirió popularidad en los años ochenta y noventa.

2000s

La bicicleta híbrida

Es una mezcla entre una bicicleta de montaña y una de ruta.

¡Desafía la gravedad con tu bicicleta!

Cuando no logras hacer que tu bicicleta se mueva hacia adelante, ¿qué es lo que la hace caer hacia un costado? La gravedad. La gravedad es la fuerza que nos mantiene sobre la Tierra e impide que estemos flotando en el espacio. La **rotación** de las ruedas funciona como una fuerza antigravedad. Por eso, cuando andas en bicicleta, ¡desafías la fuerza de la gravedad!

Existe una rama de la matemática nombrada en homenaje a Isaac Newton. Se llama Mecánica newtoniana.

Las leyes del movimiento de Newton

Existen leyes que nos ayudan a comprender cómo y por qué se mueven las cosas. Estas leyes las debemos al trabajo del científico Isaac Newton. Newton vivió en el siglo XVII. Su primera ley dice que un objeto seguirá haciendo lo que esté haciendo en tanto ninguna fuerza exterior actúe sobre él. Entonces, si un objeto no está en movimiento se quedará donde está, y un objeto en movimiento se seguirá moviendo en la misma dirección para siempre. Es decir, hasta que algo se interponga en su camino.

La segunda ley de Newton dice que cuando una fuerza actúa sobre un objeto, ese objeto aumentará o disminuirá su velocidad. También dice que cuanto mayor sea la **masa** de un objeto, mayor fuerza se necesitará para moverlo. Ésa es la razón por la que un carrito de compras lleno es más difícil empujar que uno vacío.

La tercera ley dice que por cada acción hay una reacción igual en la dirección opuesta. Esto significa que siempre que un objeto empuje a otro objeto, recibirá un empujón con la misma intensidad. Por ejemplo—las ruedas de una bicicleta se agarran del camino a medida que giran e intentan empujar el camino hacia atrás. El camino, inmóvil, devuelve el empujón a las ruedas con la misma fuerza.

¿Cómo funcionan los frenos?

¡En una bicicleta, frenar es tan importante como andar! Los frenos de las bicicletas usan la **fricción** para bajar la velocidad. La fricción es una fuerza que tiene lugar cuando hay objetos que se frotan entre sí. Cuando aprietas los frenos de una bicicleta, se aplica una fuerza al neumático. Esto hace que las pastillas de freno froten el rin, el aro de metal que sostiene la llanta. Cuanta más **presión** se aplique al rin, más lento girará la rueda. ¡Es por eso que, cuando necesitas frenar rápido, aprietas los frenos con más fuerza!

Una bicicleta para cada tipo de ciclista

Si piensas en ello, descubrirás que la bicicleta es una máquina bastante asombrosa. Andar en bicicleta es una fantástica manera de ir de un lugar a otro. Es buen ejercicio, y puedes usarla para recorrer senderos, carreteras y montañas. Algunas personas hasta hacen acrobacias con sus bicicletas. Además, esta máquina no necesita ningún combustible adicional—el conductor le provee toda la energía que necesita para andar. ¡Cuanto más fuerte pedalees, más rápido irás!

Hay una bicicleta para cada tipo de uso. Las bicicletas de montaña tienen neumáticos anchos, lo que les permite agarrarse en senderos de tierra. Las bicicletas de ruta están hechas de metales livianos. Esto se debe a que es más fácil mover algo que tiene una menor cantidad de masa. Las bicicletas BMX son fuertes, pequeñas y livianas y tienen neumáticos con una superficie irregular que los hace perfectos para saltar y correr, incluso en caminos de tierra. ¡Muchas bicicletas para acrobacias y de ruta ni siquiera tienen frenos!

¡Mil millones!

Existen alrededor de mil millones de bicicletas en el mundo. ¡Eso es casi el doble de los carros que hay!

BMX

Si alguna vez viste a un ciclista hacer trucos y dar saltos con su bicicleta, posiblemente hayas visto a un ciclista BMX. BMX es una forma de abreviar bicicleta *motocross* en inglés. Las carreras de BMX se hacen en la naturaleza, en caminos de tierra en lugares apartados. Los ciclistas BMX de estilo libre usan rampas para llevar a cabo proezas llenas de adrenalina. Este tipo de bicicletas tiene ruedas más pequeñas para poder moverse con mayor facilidad en sitios pequeños como los parques para patinetas.

Los ciclistas BMX pueden hacer saltos con difíciles acrobacias en caminos de tierra.

Pon los límites a prueba

Si piensas en ello, verás que una patineta no es otra cosa que una plancha de madera sobre ruedas de patín. ¡Eso es difícil creer cuando ves a alguien en patineta pegar un salto desde un lugar alto hasta una barandilla de metal! Estas personas parecen poner los límites a prueba. Hacen saltos mortales, se deslizan y dan vueltas a velocidades altísimas. Tal vez te preguntes cómo lo hacen. Detrás de esos trucos, hay mucha ciencia.

Un buen ejemplo de esto es un *ollie*, uno de los trucos en patineta más populares. El ollie es un salto en el que parece que el patinador tiene la tabla pegada a los pies. El patinador comienza con un pie en el centro de la tabla y el otro en el extremo trasero o cola de la patineta. Luego, flexiona las rodillas, se agacha un poco y patea fuerte la cola de la patineta. Cuando la tabla rebota hacia arriba, salta sobre ella. Aquí, conviene saber un poco sobre fricción y gravedad. La fricción entre el pie del patinador y la tabla lleva la tabla más alto. Luego entra en juego la gravedad. La tabla y el patinador aterrizan en el piso. ¡Parece como si la tabla nunca se hubiera despegado de los pies del patinador!

El "handplant" es otro truco que hacen los patinadores. Aquí, Mimi Knoop, famosa en este deporte, hace un handplant en un evento de patinaje en California.

¿Quién es Ollie?

El ollie es un invento de Alan *Ollie* Gelfand. Este joven se crió en Florida en la década de los setenta, donde fue campeón de patineta. Sus amigos le pusieron *ollie* a la acrobacia que hacía en el aire sin utilizar las manos. Ese nombre quedó, ¡y el ollie se convirtió en un movimiento tan básico de este deporte que hasta llegó al diccionario!

No importa qué edad tengas, andar en patineta puede ser un buen ejercicio.

arte en los decks

Un lugar propio

Hace algunos años, los patinadores simplemente patinaban en las calles de sus barrios. Pero en la actualidad, muchas ciudades tienen sus propios parques para patinetas. Se trata de parques de concreto con rampas y barandillas incorporadas, sólo para quienes practican este deporte. Allí se pueden ver magníficos trucos y acrobacias sorprendentes. Por supuesto, la seguridad es lo más importante cuando te encuentras sobre una tabla. Los cascos, así como las protecciones para los codos, las muñecas y las rodillas, pueden prevenir lesiones graves.

Los cambios en la tabla

En los últimos cincuenta años, las patinetas recorrieron un largo camino. Pero las cuestiones básicas no cambiaron demasiado. Las tablas siguen teniendo tres partes—la tabla o deck, las ruedas y los ejes de suspensión y dirección. Estos ejes, también llamados *trucks*, conectan las ruedas con la tabla. Las tablas se fabrican en madera, igual que antes. Pero el diseño cambió, y mucho.

Las tablas actuales están curvadas hacia arriba en los bordes, la cola y el frente de la tabla. Esto hace que la tabla sea más fuerte y también le da al patinador un mayor control para hacer trucos. Existen nuevos tipos de ruedas que permiten una **tracción**, velocidad y fluidez mayores. ¡Algunas de las tablas que se ven hoy en día son una verdadera obra de arte!

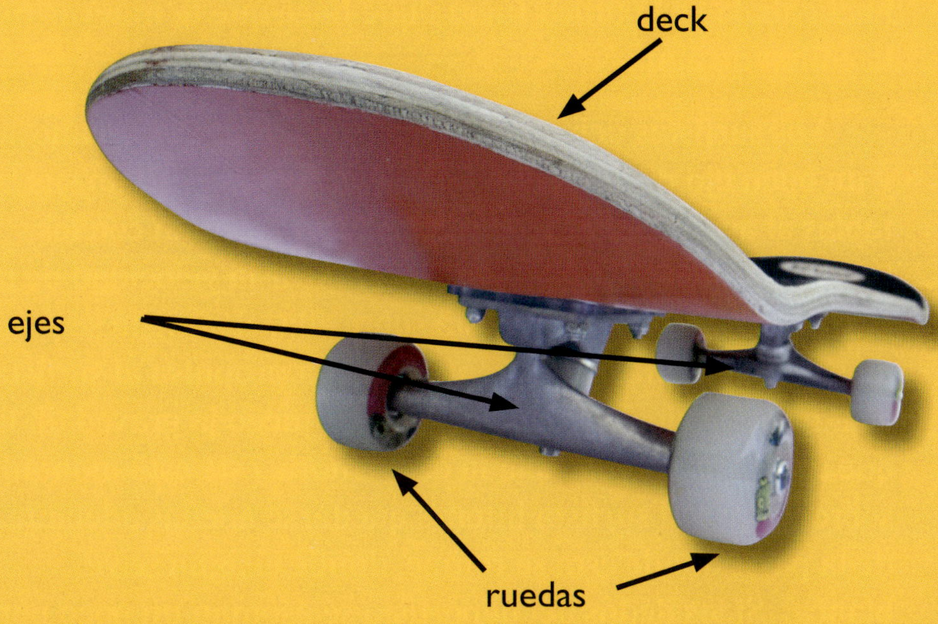

Los surfistas deben manejar muy bien los tiempos y prestar atención a la fuerza y la gravedad para evitar una caída.

A la espera de la ola

Imagina que estás sobre una patineta y bajas una colina a toda velocidad. Ahora, ¡imagina que la colina se mueve contigo! Ésa es la sensación de montar una ola sobre una tabla de surf. La atracción de la gravedad hacia abajo es la única fuerza que hace que te muevas por la colina de agua.

Los surfistas deben tener un instinto para el océano y un buen ojo para las olas. Estos deportistas llevan sus tablas al agua y esperan la ola perfecta. Reman con los brazos con fuerza para intentar alcanzar la velocidad de la ola. Una vez que la tabla está sobre ella, el surfista se pone de pie de un salto. El torrente de agua propulsa al surfista a su misma velocidad. Aquí entra en juego la gravedad, la que atrae al surfista hacia la ola. Ahora, éste está montado sobre la ola. El surfista intenta quedarse apenas adelante de la parte donde ésta se rompe, donde el agua se ve blanca. Si los dedos del deportista se asoman un poco por el borde de la tabla, ¡está haciendo un "hang ten"!

El retorno de la surfista

Bethany Hamilton comenzó a surfear cuando apenas empezaba a andar. Al poco tiempo, ya ganaba campeonatos de surf en Hawái. Pero a los trece años, Bethany sufrió el ataque de un tiburón tigre de 14 pies de largo. En el ataque, perdió un brazo. Unos meses más tarde, Bethany estaba nuevamente sobre su tabla. En la actualidad es otra vez campeona de surf e inspira a otras personas a que jamás se rindan.

Este surfista está haciendo un tubo, surfea dentro del rizo de la ola.

Secretos del surf

¿Alguna vez te preguntaste cómo hace un surfista para mantenerse de pie sobre la tabla? La clave del surf es ser capaz de trasladar tu **centro de masa** o punto de equilibrio mientras la ola te lleva consigo. La idea es deslizarse a la misma velocidad que la ola que se mueve debajo de ti. Si te deslizas muy rápido, llegarás al fondo de la ola en seguida. Si te deslizas muy lento, la ola te dejará atrás y te caerás. ¡Cuanto más tiempo montes la ola, mejor!

Al igual que sucede en otros deportes, los surfistas parecen estar llevando su deporte al siguiente nivel. Cada vez es más común ver surfistas que realizan trucos en medio del océano. Uno de estos se llama *tubo*—es cuando el surfista se pone en una posición en la que las olas se curvan por encima de él, mientras monta la parte hueca de la ola.

Cultura surf

Para muchas personas, el surf no es sólo un deporte—es un estilo de vida. El furor del surf comenzó en el sur de California en la década de los cincuenta. Desde entonces, el surf se convirtió en parte de la cultura popular. Hay grupos musicales que componen canciones sobre este deporte, y personas que jamás se subieron a una tabla visten ropa de surfista, como las bermudas para surfear. Hay libros y películas sobre surf. ¡Hasta se hicieron patinetas que parecen pequeñas tablas de surf!

Agrega un poco de nieve, ¡y listo!

Toma un poco de la patineta, un poco del surf, agrega un poco de nieve ¡y tienes snowboard! Las tablas de snowboard son más grandes que una patineta, pero más pequeñas que una tabla de surf.

Quienes practican este deporte sujetan los pies a la tabla por medio de fijaciones. A diferencia de los esquiadores, no utilizan bastones, sino que utilizan el propio cuerpo para darse dirección a medida que bajan la colina a toda velocidad o se deslizan suavemente por ella. Algunos practicantes de snowboard parecen desafiar la gravedad con sus saltos, vueltas y giros en el aire. Éste es uno de los deportes más populares de la actualidad. ¡Hasta es un deporte olímpico!

La gravedad es una fuerza muy importante en el snowboard, ya que es la que mantiene al deportista sobre la montaña. También lo ayuda a ganar velocidad a medida que baja la pendiente. Cuanto más empinada sea la montaña, más rápido bajará la tabla. Ese cambio en la velocidad se llama **aceleración**.

La fricción ayuda al deportista a controlar la tabla. La nieve y el hielo son resbaladizos, por lo que las tablas simplemente se deslizan sobre esas superficies. Los practicantes de snowboard enceran la base de las tablas para que éstas estén aún más resbalosas. Eso reduce la fricción y los mantiene en movimiento a velocidades muy altas.

El *snurfer*

La primera tabla de snowboard se llamó *snurfer*, una mezcla entre las palabras inglesas *snow* (nieve) y *surfer* (surfista). La diseñó un hombre de Michigan para su hija en 1965. Básicamente se trataba de un trineo sobre el que te podías parar. Para hacerlo, puso dos esquís juntos e incluyó una pieza para asegurar los pies. ¡No pasó mucho tiempo hasta que todos sus amigos también quisieron tener uno!

Cortar la nieve

Parecería que los practicantes de snowboard siempre se inclinan hacia un lado o hacia el otro mientras se deslizan a toda velocidad por las laderas nevadas. Ésa es su forma de gobernar la tabla. Al igual que los surfistas, los practicantes de snowboard tienen que trasladar su centro de masa para "cortar la nieve". Este movimiento, llamado también *carving* en inglés, consiste en inclinarse para describir una curva de manera que la tabla se deslice colina abajo sobre un canto. Es como si la hoja de un cuchillo cortara la nieve. Como lo único que está en contacto con la nieve es un canto de la tabla, hay menos fricción.

Cuando los practicantes de snowboard quieren detenerse, ¡tienen que actuar rápido! Es difícil mantener el equilibrio cuando se quiere bajar la velocidad antes de frenar. En lugar de hacer esto, verás que estos deportistas hacen giros cerrados inclinados hacia un lado y ejercen fuerte presión sobre la nieve cuando se quieren detener. Al presionar la nieve, ésta empuja hacia arriba con la misma fuerza. La **colisión** entre la tabla de snowboard y la nieve hace que el deportista se detenga rápido.

Wakeboard

El wakeboard es una mezcla entre el surf, el snowboard y el esquí acuático. Los dos pies se sujetan a una pequeña tabla de surf mediante **fijaciones**. La tabla está enganchada a una lancha a motor por medio de una cuerda, la que arrastra la tabla por el agua. El wakeboard no existe desde hace mucho, ¡pero se está convirtiendo en uno de los deportes acuáticos de más rápido crecimiento del mundo!

Lidiar con el viento

Ya sea que andes en bicicleta o sobre una tabla, una de las mejores partes es sentir el roce del viento en el cabello. Pero el movimiento del aire también te hace disminuir la velocidad. Los atletas hacen algunas cosas para conservar la velocidad, aun cuando tienen viento en contra.

Algunos atletas visten ropa que no interfiere con su velocidad. Utilizan **trajes de velocidad** especiales confeccionados con materiales muy apretados y resbalosos. Esto mejora la **aerodinámica** del atleta—la manera en que fluye el aire alrededor de un objeto en movimiento.

La postura de un deportista también puede marcar una diferencia. Un ciclista que se sienta erguido en el asiento de la bicicleta no irá tan rápido como el que se agacha lo más posible y se pega al manubrio. Esto se debe a que en este último caso, el aire no choca con tantas partes del cuerpo como en el anterior.

Lance Armstrong

Uno de los ciclistas más famosos de todos los tiempos es Lance Armstrong. Venció a unos 200 ciclistas para ganar el Tour de Francia en siete ediciones, todo un récord. ¡Esta carrera anual de bicicletas a través de Francia cubre 3,219 kilómetros (2,000 millas)! Durante su carrera deportiva, Armstrong luchó contra el cáncer, pero sin dejar de entrenar—y de ganar.

Segway

motocicleta eléctrica

patineta
eléctrica

bicicleta
eléctrica

El futuro de las tablas y las bicicletas

Es posible que no sepamos aún cómo serán las tablas y las bicicletas del futuro, pero una cosa es segura—se las diseñará para que sean rápidas. Las patinetas, tablas de snowboard y de surf proporcionarán movimientos más fluidos. Su diseño las ayudará a reaccionar mejor a los movimientos de sus conductores. ¡Es posible que algunas tablas tengan chips de computadora incorporados! Éstos podrían tener la capacidad de darles a los deportistas consejos para aprender a hacer trucos. Mejores trajes de seguridad ayudarán a reducir las lesiones.

Muchas personas creen que las bicicletas son el futuro del transporte. De hecho, hay quienes piensan que esta máquina puede ayudar a resolver los problemas del mundo—reducen la contaminación, ahorran dinero, conservan energía, reducen los embotellamientos y son una excelente manera de hacer ejercicio. En algunas ciudades, la mayoría de las personas usan bicicletas en lugar de carros. ¿Conduciremos bicicletas eléctricas algún día? Algunas personas creen incluso que en el futuro, los adultos andarán en bicicletas con tres ruedas. Sí, exacto, ¡en triciclos!

anubrio de alta tecnología

la actualidad, los manubrios de las icletas no son sólo para darles dirección. gunas bicicletas tienen computadoras egradas. Éstas pueden medir la velocidad, distancia recorrida, la temperatura, ¡y hasta ritmo cardíaco!

Laboratorio—Carrera colina abajo

Los practicantes de snowboard enceran la base de sus tablas para reducir la fricción y ayudar a las tablas a cobrar velocidad. ¿Qué otra cosa podría hacer cambiar la velocidad de una tabla de snowboard o una patineta?

Materiales

- trozo de cartón rígido de al menos 45 cm x 30 cm (18 pulgadas por 12 pulgadas)
- bloques o libros
- cinco tiras alisadas de papel de aluminio o papel encerado de 30 cm x 5 cm (12 pulgadas por 2 pulgadas) cada una
- cinta adhesiva
- ventilador pequeño
- 120 ml de agua (1/2 taza)
- 15 ml de mantequilla (1 cucharadita)
- 15 ml de almidón de maíz (1 cucharadita)
- sal
- escuadra de carpintero para medir el ángulo de la pendiente
- fichas redondas
- bandera o silbato

Procedimiento:

1. Pega, por el lado angosto, cada tira de papel encerado o de aluminio con cinta adhesiva al borde superior del cartón. Coloca las tiras con una separación mínima de cinco centímetros (2 pulgadas) entre sí.

2. Salpica la primera tira con agua. Salpica la segunda con agua y sal. En la tercera, extiende almidón de maíz. En la cuarta tira, unta una capa delgada de mantequilla. Por último, coloca el ventilador para que sople sobre la quinta tira.

3. Apoya el cartón sobre los libros o bloques a 45 grados para crear una pendiente. Pega el otro extremo del cartón con cinta adhesiva al piso para darle estabilidad.

4. Dividan la clase en cinco equipos. Cada equipo debe tener una ficha y una tira asignada. Agita la bandera o sopla el silbato para que los equipos suelten su ficha sobre la tira de papel al mismo tiempo.

5. Observa para ver cuál de las fichas llega abajo primero. Registra la secuencia, de la primera a la última, en una tabla como la que se presenta a continuación.

6. Los estudiantes deben experimentar con diferentes pendientes y comparar sus hallazgos. ¿La inclinación afecta la secuencia?

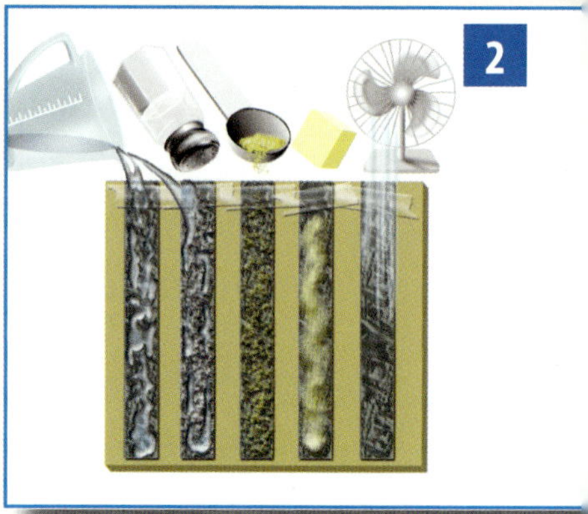

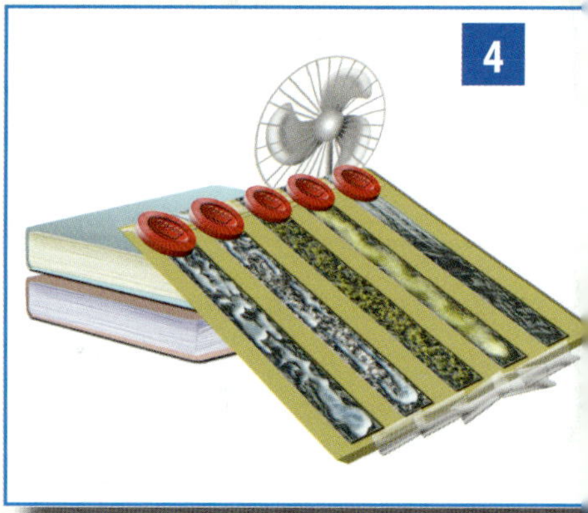

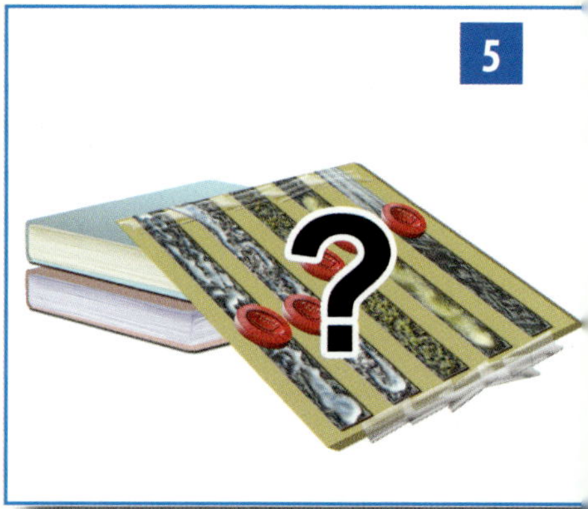

Secuencia de tiras	Pendiente de 45 grados
Primer lugar	Tira número ______
Segundo lugar	Tira número ______
Tercer lugar	Tira número ______
Cuarto lugar	Tira número ______
Quinto lugar	Tira número ______

Glosario

aceleración—cambio en la velocidad

aerodinámica—estudio del movimiento del aire

centro de masa—punto en el que un objeto se encuentra en equilibrio

ciclista—persona que anda en bicicleta

colisión—choque

fijaciones—equipo que sujeta los pies a la tabla

física—la ciencia de la fuerza y el movimiento

fricción—fuerza que actúa sobre las superficies que se encuentran en contacto y las desacelera

fuerza—empuje o atracción que hace que las cosas se muevan

gravedad—fuerza mediante la que los objetos se atraen entre sí

masa—cantidad de materia en un objeto

movimiento—cambio de posición

presión—aplicación de fuerza

rotación—acción de girar alrededor de un punto o eje

tracción—adherencia que resulta de la fricción entre dos objetos

Índice

Científicos de ayer y de hoy

Robert Goddard
(1882–1945)

Robert Goddard quería explorar el espacio. Entonces, ¡construyó cohetes! Goddard usó las leyes de Newton como apoyo. Estaba seguro de que un cohete podía llegar hasta la Luna. Goddard fue el primero en lanzar un cohete propulsado por líquido combustible, el que probó en 1926. Éste llegó hasta unos 12 metros (40 pies) de altura, a una velocidad de aproximadamente 97 kilómetros (60 millas) por hora. Goddard no vivió para ver al ser humano viajar por el espacio, pero sus ideas y cohetes ayudaron a allanar ese camino.

Steven Chu
(1948–)

De niño, a Steven Chu le gustaba construir cosas. Comenzó con los aviones y barcos a escala. Luego, ¡ahorró el dinero del almuerzo escolar para poder construir cohetes en su casa! En la escuela secundaria, construyó una máquina que medía la gravedad. Todos estos experimentos durante su niñez lo ayudarían más tarde a ganar un premio Nobel de Física. También se convirtió en el secretario de Energía del presidente Barack Obama.

Créditos de las imágenes

Portada—Suzanne Tucker/Shutterstock; p.1—Suzanne Tucker/Shutterstock; p.4—Mana Photo/Shutterstock; p.4 (abajo)—Ronen/Shutterstock; p.4 (centro)—Eric Limon/Shutterstock; p.5 (arriba)—Andrey Khrolenok/Shutterstock; p.6 (izquierda)—Tim Bradley; p.6 (centro, izquierda)—The Granger Collection, New York; p.6 (centro, derecha) The Granger Collection, New York; p.6 (derecha)—The Granger Collecti New York; p.7 (arriba)—PictureArts/Newscom; p.7 (izquierda)—ypkim/Shutterstock; p.7 (centro, izquierda)—Reinhold Foeger/Shutterstock; p.7 (centro, derecha)—hamurishi/Shutterstock; p.7 (derecha)—MC Newscom; p.8-9 R. Gino Santa Maria/Shutterstock; p.8-9 (abajo)—Rob Byron/Shutterstock; p.8 (abajo)—The Granger Collection, New York; p.10-11—David G. McIntyre/Newscom; p.11—Mike Powell/Corbi p.12—Stan Liu/Newscom; p.12-13—KRT/Newscom; p.13—Ben Mitchell/Getty; p.14— James Hudson/Alamy; p.14-15—SueC/Shutterstock; p.15—Alexander Kalina/Shutterstock; p.16—Daniel Gustavsson/ Shutterstock; p.17-18—Sebastien Burel/Shutterstock; p.17—ZUMA Press; p.18-19—Steve Robertson/AFP/Getty Images; p. 19—(arriba) Cheryl Casey/Shutterstock; p.19 (abajo)—James Steidl/Shutterstock; p.20—Ben Heys/Shutterstock; p.21—Ipatov/Shutterstock; p.21 (arriba)—Brunswick; p.22—Galina Barskaya/Shutterstock; p.23—Evok20/Shutterstock; p.24—Friedemann Vogel/Bongarts/Getty Images; p.24-25—Sergei Bachlakov/Shutterstock; p.26 (izquierda)—Tobias Hase/dpa/Corbis; p.26 (centro)—AFP PHOTO/Indranil MUKHERJEE/Newscom; p.26 (derecha)—Jeff Greenberg/Alamy; p.26 (abajo)—Jeff Greenberg/Alamy; p.27—greenwales/Alamy; p.29—Nicolle Rager Fuller; p.32—(izquierda) NASA; p.32 (derecha)—Roy Kaltschmidt/Lawrence Berkeley National Laboratory.